LES BLACAS

LÉGENDE ET DOCUMENTS

PAR

J.-E. DOSTE

MARSEILLE

MARIUS LEBON, LIBRAIRE

RUE PARADIS, 43

1876

LES BLACAS

LÉGENDE ET DOCUMENTS

PAR

J.-E. DOSTE

MARSEILLE

MARIUS LEBON, LIBRAIRE

RUE PARADIS, 43

1876

MARSEILLE. — TYPOGRAPHIE MARIUS OLIVE.

LÉGENDE

LA CHAINE DES COMTES DE BLACAS

Rien ne frappe autant l'imagination que les légendes, soit qu'elles aient dans leur ensemble un certain vague plus charmant qu'une savante description, soit que l'esprit par sa propre force aille toujours au-delà des tableaux qu'elles lui représentent.

Le seul mot de légende est assurément une merveille ; tout y trouve sa place, depuis les contes populaires jusqu'aux conceptions les plus hardies ; depuis les fables de l'Arioste, jusqu'aux poëmes d'Ossian.

Chose remarquable ! il n'y a pas un beau souvenir dans les siècles modernes, pas une page intéressante dans nos annales historiques que la religion chrétienne ne réclame. « La vraie religion, a dit Chateaubriand, a le singulier mérite d'avoir créé parmi nous l'âge de la féerie et des enchantements. »

La légende qu'on va lire est un de ces souvenirs d'enfance qui se rattachent à l'histoire de mon pays. Puisse-t-elle servir un jour de point de départ à quelque plume plus autorisée que la mienne pour découvrir la véritable origine de cette fameuse chaîne qui fut suspendue dans les airs, ainsi que je l'ai indiqué dans ma *Notice historique sur Moustiers*, publiée en 1874, à la suite d'un vœu fait, on ne sait par qui, ni à quelle époque.

I

C'était en janvier 1793. Un émigré français perdu dans les profondes solitudes des Basses-Alpes, errait sans guide depuis le matin, et nulle trace d'habitation ne lui était apparue. Vers la fin du jour, il s'arrêta brisé par la fatigue, épuisé par la faim.

Au mélancolique murmure de la brise incessante qui règne sur ces hautes montagnes, avait succédé le grondement sourd du vent précurseur de la tempête ; déjà même les premiers flocons de neige blanchissaient la place que chaque pas de notre voyageur allait fouler. Le danger devenait imminent. Au-dessus de sa tête un ciel couvert d'un rideau sombre, à ses pieds des précipices béants. Une distraction, un vertige peuvent causer sa mort s'il avance plus loin : cependant il se relève en brave et reprend sa route éclairée à peine par les dernières lueurs du crépuscule.

Après une heure de cette marche pénible durant laquelle il eût, certes, roulé cent fois au fond des abîmes, sans les frêles tiges de buissons qu'il rencontrait sous sa main, son énergie succomba, ses forces le trahirent tout-à-fait, et il se coucha, mourant, sur un rocher.

Oh ! comme sa poitrine halète déjà sous un poids lourd et qui s'accroît sans cesse ; comme sa tête est brûlante, comme ses idées se heurtent et se confondent ! Ah ! c'est qu'il a peur maintenant dans cette sauvage solitude ! Peur, non point de mourir !... N'a-t-il pas affronté la mort au milieu des batailles sanglantes, sur les flots perfides de la mer en courroux ?... Mais mourir dans la nuit comme une bête fauve blessée ! sans gloire, inutile, inconnu ! Mourir sans recevoir un embrassement ami, sans confier un dernier souvenir à une épouse aimée, à des enfants en pleurs !... Si la saison était moins cruelle, il pourrait attendre le jour ; si la nuit était moins profonde il pourrait échapper au danger, peut-être ! Mais doit-il marcher ?... Un précipice caché par la neige est prêt à l'engloutir. Doit-il s'arrêter ? Hélas ! un froid maudit, présage de mort, a déjà engourdi ses membres et va atteindre son cœur.

Soudain une voix plus forte que l'ouragan se fait entendre : « Marche, lui criait cette voix, marche toujours si tu ne veux pas que la neige t'ensevelisse lentement sous un linceul glacé ; ce linceul gèlerait ton sang, il t'assoupirait bientôt dans une stupeur douloureuse ; tu sentirais ton existence se suspendre, s'arrêter et finir !... » Frappé par cet avertissement du ciel, le malheureux proscrit se redresse avec un nouveau courage et , tournant ses regards vers Dieu , il implore sa protection toute puissante...

O bonheur ! une étoile miraculeuse qu'il croit voir suspendue à une immense chaîne, et briller au-dessus de deux montagnes, éclaire maintenant sa route Guidé par cette apparition lumineuse, il avance avec ardeur, et il aperçoit bientôt le toit d'une maison hospitalière.

Cette vue lui rend l'espérance, il veut courir... l'infortuné ! ses forces l'ont trahi , ses pieds engourdis ont heurté la pierre.. il tombe... Ses regards mourants se fixent une dernière fois sur l'étoile qui semblait lui annoncer le salut, et de sa voix éteinte , il appelle au secours !... au secours !...

Personne n'a répondu Ses yeux se ferment , l'étoile disparaît... Oh! pauvre voyageur étendu sur la neige muette, c'était donc là, hélas ! que ta route devait finir !

. . . .
Mais n'est-ce pas le son d'une clochette qui frappe son oreille à travers l'écho sourd de la rafale, ou bien est-ce le glas de la mort qu'il croit ouïr au milieu des vents ? Non , ce sont des sons réels , c'est un bruit qui approche : le voilà qui augmente encore. Saintes puissances du Ciel ! un religieux vient de recevoir dans ses bras le voyageur expirant .. ..

II

Quand l'émigré revint de son évanouissement, il se trouva au coin d'un feu pétillant, au milieu des moines dont les soins empressés le ranimèrent en peu d'instants et lui rendirent le sentiment et la pensée. Il oublia bientôt même ses périls de la nuit pour ne songer qu'au dévouement de ces pieux cénobites qu'il s'étonnait , avec raison , de trouver en pareil lieu et dans un monastère construit, comme par miracle, sur des escarpements où l'on n'aurait point imaginé qu'il fut possible de bâtir même une chaumière. Les moines qui craignaient la fatigue et la fièvre pour leur hôte , lui promirent de lui expliquer le lendemain toutes ces merveilles, et ils le conduisirent dans une chambre modeste, dont la fureur des vents et les cris lointains des loups rendaient l'abri encore plus délectable..

Le lendemain matin, quand le proscrit s'éveilla et vint respirer l'air pur et frais des montagnes, un spectacle majestueux se déploya devant lui. Le soleil se levait, inondant des splendeurs de sa pourpre les quelques habitations à l'italienne qui se détachaient au dernier plan de la vallée, blanches et coquettes, sur la teinte éclatante d'énormes rochers calcaires.

A travers ces rochers, dans une immense échancrure, apparaissaient à droite et à gauche de petites grottes ou cellules que la seule nature avait faites et qui étaient reliées entre elles par une rampe de pierres grises conduisant à l'ermitage.

Deux pics dominaient cet ensemble, réunis à leur sommet par une chaîne en fer de deux cent cinquante pieds et du milieu de laquelle pendait dans l'espace une étoile à cinq pointes, telle que le voyageur égaré l'avait aperçue dans sa vision. L'émigré regardait cette chaîne étrange avec une curiosité bien naturelle, quand le moine qui l'avait recueilli la veille vint le rejoindre.

Ce lieu, dit-il en prévenant les questions de son hôte, ce lieu se nomme Moustiers ; l'étoile que vous voyez au milieu de la chaîne est celle qui brille dans les armes de la maison de Blacas, *qui porte d'argent, à* L'ÉTOILE *à seize rais de gueules* (1). Et voici comment le fait se serait passé, d'après la tradition (2).

En 1149, Manuel Comnène, empereur de Constantinople, guerroyait contre Roger, roi de Sicile, qui avait violé ses frontières. Il avait mis le siége devant Corfou. Dans son armée combattaient les quatre fils de Pierre de Blacas, seigneur d'*Aups*, connu sous le nom de Grand-Guerrier (3).

Les assiégeants se défendaient avec vigueur, et la ville, par sa position sur un promontoire très élevé. paraissait devoir être imprenable. Manuel allait peut-être abandonner son entreprise, quand Bertrand, l'aîné de nos

(1) De nos jours on voit encore, vers le milieu de l'âpre sentier qui conduit de la ville à la chapelle de Notre-Dame, un oratoire en forme de petit clocher. avec une étoile à seize rais en relief de pierres, absolument semblable à celle de l'illustre famille de Blacas.

(2) Papon : *Histoire générale de Provence,* tome II, page 421.

(3) Voir les documents ci-après.

quatre héros, lui proposa une tentative audacieuse. L'empereur y consentit. Plusieurs vaisseaux attachés ensemble et assujettis par des ancres, devaient soutenir une tour terminée en plate-forme, sur laquelle on ferait élever une échelle qui permettrait d'arriver jusqu'aux créneaux des murs. Quand tout fut prêt pour l'assaut, l'empereur fit appel à ses soldats les plus déterminés pour aider les quatre frères. Mais les soldats épouvantés ne se présentent pas. Nous irons donc seuls, s'écrient alors les Blacas, et s'agenouillant sur le pont du navire, ils font le vœu, s'ils reviennent sains et saufs, de consacrer à *Notre-Dame de-Beauvezer*, leur patronne, une chaîne d'or en souvenir de leur délivrance. Ils se relèvent aussitôt et s'élancent contre les murs.

Leur exemple anime les plus timides dont l'excès de courage devient la cause même de leur insuccès, car s'élançant en trop grand nombre sur l'échelle à la suite des quatre frères, ils la font ployer sous leur poids,... elle se rompt et les précipite pêle-mêle les uns sur la plate-forme, les autres sur les rochers et le plus grand nombre dans la mer. Il en échappa quelques-uns de ceux-ci, parmi lesquels se trouvèrent heureusement les frères Blacas, qui, revenus dans leur pays après ce siége mémorable, voulurent accomplir leur vœu. Mais les religieux de Moustiers leur firent observer qu'une si riche offrande tenterait l'avidité des aventuriers ou des gens de guerre, qu'il était dès lors plus sage de faire placer une chaîne d'un métal de peu de valeur et d'employer le surplus à la construction d'un hospice attenant à la chapelle pour secourir les voyageurs égarés.

Les nobles chevaliers suivirent le conseil des bons Pères. Ils se contentèrent de faire suspendre une chaîne en fer, avec son étoile, aux deux pics...

Le moine parlait encore sans remarquer que l'émigré tombait à deux genoux et priait à ses côtés, les yeux baignés des douces larmes de la reconnaissance.

Voies mystérieuses de la Providence ! C'était un descendant des comtes de Blacas qui venait d'être sauvé par cette étoile miraculeuse et avait été recueilli dans l'hospice fondé par ses ancêtres

———————

DOCUMENTS

Dans le cours de notre récit nous avons parlé de Pierre de Blacas. Un troubadour provençal, Sordel (1), dont le nom est plus connu que les œuvres, a écrit à l'occasion de la mort de ce héros, qui l'aimait et le protégeait, un petit poème, un sirvente (2) qu'on lira sans doute avec intérêt. C'est un curieux échantillon de la littérature romane au commencement du XIIIme siècle : le poète y invite les princes de l'Europe à venir manger du cœur du Grand-Guerrier pour être animés de sa bravoure et de sa valeur.

On remarquera que chaque strophe de cette tenson est formée de huit vers alexandrins, tous sur une même rime, ce qui donne au chant du troubadour un accent lent et solennel, éminemment convenable à l'expression du sentiment qui l'animait.

Ce caractère mélodieux n'a pu être conservé, on le comprend, dans la traduction que nous publions en même temps que le texte. Elle en facilitera cependant l'intelligence aux personnes peu familiarisées avec l'antique langue provençale.

I.

Planher vol en Blacatz en aquest leugier so
Ab cor trist e marritz ; et ai eu ben razo,
Qu'en lui ai mescabat senhor et amic bo,
É quar tut l'aip valent en sa mort perdut so.

(1) Sordel ou Sordello, Mantouan d'origine, n'est autre que ce personnage du même nom que Le Dante met en scène dans le VIe chant du Purgatoire de sa Divine Comédie et par qui il fait adresser à son guide Virgile, les paroles suivantes :

« ...... O Mantovano, io so Sordello
Della tua terra ; » e l'un l'altro abbraciava.

« O Mantouan, je suis Sordello enfant de ton pays ; » et l'un et l'autre s'embrassaient.

(2) On appelait sirvente une poésie qui affectait à la fois un caractère guerrier et satirique.

Tant es mortals lo dans qu'ieu non ai sospeisso
Q'unca mais si revenha, s'en aital guiza no
Qu'om li traga lo cor e qu'en manjo'l baro
Que vivon descoratz, pois auran de cor pro.

Je veux pleurer Blacas dans cette chanson facile, le cœur triste et navré, et j'en ai bien raison, puisque j'ai perdu en lui mon seigneur et mon bon ami, et que toutes belles qualités sont perdues en sa personne.

Ce malheur est si grand que je ne vois qu'un seul moyen de le réparer, c'est qu'on arrache son cœur pour le donner à manger aux barons qui n'en ont point, et dès lors ils en auront assez.

II.

Premier mange del cor, per so que grans ops l'es,
L'emperaire de Roma, si'l vol los Milanes
Per forsa conquistar; quar lui tenon conques
E viu dezeretatz malgrat de sos Ties.
E de seguentre lui manj'en lo reis Frances,
Pos cobrara Castela qu'el pert per nescies:
Mas si pes' à sa mair' el non manjara ges,
Quar ben par à son pretz qu'el no fai ren que i pes.

Que le premier, l'empereur de Rome (Frédéric II) mange de ce cœur; il en a grand besoin, s'il veut reconquérir sur les Milanais le pays qu'ils lui ont enlevé malgré ses Allemands.

Qu'après lui en mange le roi des Français (St-Louis) pour recouvrer la Castille qu'il perd par son inexpérience: mais s'il s'en rapporte à sa mère, il n'en mangera point, car on voit bien à sa conduite qu'il ne fait rien qui puisse lui déplaire (1).

III.

Del rei Engles me platz, quar es pauc coratjos,
Que mange pron del cor: pois er valens e bos
E cobrara la terra, per que viu de pretz blos,
Que l tol lo rei de Fransa qar lo sab nualhos.

_____

(1) Le mariage de Bérengère, sœur de Blanche de Castille, avec Alphonse IX, roi de Léon, ayant été cassé pour cause de parenté, il semblait que Ferdinand leur fils n'avait aucun droit à leur héritage, et que la Castille devait revenir à Saint-Louis, si sa mère Blanche avait voulu consentir à laisser dépouiller son neveu.

E lo reis Castelas tanh qu'en mange per dos,
Quar dos regismes ten ni per l'un non es pros :
Mas s'il en vol manjar tanh qu'en manj'á rescos,
Que si'l mair' o sabia batria l ab bastos.

Je serais heureux que le roi d'Angleterre (Henri III) en mangeât un bon morceau, car il est peu courageux. Il sera alors vaillant et hardi et reprendra la terre précieuse que lui a enlevé le roi de France, qui le sait sans bravoure (1).

Il faut que le roi de Castille (Ferdinand III), en mange pour deux, car il a deux royaumes et n'est pas capable d'en gouverner un seul. Mais s'il veut en manger tant, qu'il se cache bien, car si sa mère le savait, elle lui donnerait des coups de bâton (2).

IV.

Del rei d'Aragon volh del cor deja manjar,
Que aisso lo fara de l'onta descargar
Que pren sai de Marselh'e d'Amilhau ; qu'onrar
No s pot estiers per re que posca dir ni far.
Et apres volh del cor don hom al rei Navar,
Que valia mais coms que reis, so aug contar,
Tortz es quant dieus fai hom'en gran ricor pojar,
Pos sofracha de cor de pretz lo fai baissar.

Je veux aussi que le roi d'Aragon (Jacques), en mange pour essayer de laver l'affront qu'il reçut, comme vous savez, à Marseille et à Milhaud ; car il a beau faire et beau dire, il n'a que ce moyen pour réparer son honneur (3).

Je veux qu'après lui en mange le roi de Navarre (Thibaud, comte de Champagne) qui, selon ce que j'entends dire, valait mieux étant comte que roi. C'est un grand malheur, quand le défaut de courage fait déchoir celui que Dieu a élevé en dignité.

(1) Le poëte voulait qu'Henri III, fils et successeur de *Jean-sans-Terre*, profitât des troubles qui agitèrent la France sous la minorité de Saint-Louis, pour recouvrer le pays dont son père avait été dépouillé.

(2) Ferdinand III respectait effectivement beaucoup sa mère, non point par crainte, mais parce qu'elle avait pris grand soin de son éducation. Ce reproche est donc injuste.

(3) Le poëte veut sans doute parler de l'affront que le roi Jacques reçut à Marseille, lorsque l'entrée lui en fut interdite, et de l'expédition du comte de Toulouse, qui lui reprit en 1229, la ville de Milhaud, dont ce roi s'était emparé, prétendant qu'elle lui appartenait.

V.

Al comte de Toloz' a ops qu'en manje be,
Si l membra so quo sol tener e so que te ;
Quar si ab autre cor sa perda non reve,
No m par que la revenh' ab aquel qu'a en se.
El coms Proensal tanh qu'en mange, si l sove
Qu'om que dezeretatz viu gaire non val re :
E si tot ab esfors si defen ni s capte,
Ops l'es mange del cor pel gran fais que soste.

Le comte Raymond de Toulouse (Raymond VII) a
besoin aussi d'en manger beaucoup, s'il se rappelle ce
qu'il possédait autrefois, et ce qui lui reste encore ; car
à moins de prendre un autre cœur pour rentrer dans le
pays qu'il a perdu, je ne crois pas qu'il le recouvre ja-
mais avec le sien.

Le Comte de Provence (Raymond Bérenger IV) fera
bien encore d'en manger, s'il songe au peu que vaut un
comte dépouillé de ses terres : car quoiqu'il agisse et
se défende avec vigueur, il a grand besoin de manger
de ce cœur pour soutenir un tel fardeau (1).

VI.

Li baro m volran mal de so que ieu dic be ;
Mas be sapchan qu'ie ls pretz aitan pauc com ilh me.

Bel-restaur ! sol qu'ab vos posca trobar merce,
A mon dan met quascun qui per amic no m te.

Les barons me voudront mal de ce que je dis bien,
mais qu'ils sachent bien que je les prise aussi peu
qu'ils peuvent faire de moi.

Douce consolation ! pourvu que je puisse trouver
merci auprès de vous je mets en oubli quiconque ne me
tient pas pour ami.

Après Sordel, deux autres troubadours provençaux,
Bertrand d'Allamanon et Pierre Brémond, dit *Ricas-No-
vas*, voulurent aussi faire le partage du cœur de Blacas ;
mais ni l'un ni l'autre n'eurent sa hardiesse et son origi-

(1) Raymond Bérenger avait à se défendre contre le comte de
Toulouse et contre les villes de Provence qui s'étaient érigées en
république.

nalité. Toutefois la complainte d'Allamanon, écrite aussi en vers alexandrins monorimes, mérite plus particulièrement d'être citée tant par la délicatesse de la pensée que par le tour ingénieux et galant dont le poète en a revêtu l'expression. Ce n'est plus une satire comme l'œuvre de Sordel, c'est un chevaleresque madrigal à la louange de quelques dames du premier rang.

> De l'arma d'en Blacas pens Dieus lo glorios
> Qu'el cor es ab aquelhas de qu'el era envejos.

« Que le Dieu glorieux prenne soin de l'âme de Blacas ; quant à son cœur, il est avec celles qu'il a le plus aimées, » s'écrie le tendre poète en terminant sa gracieuse tenson.

Ces éloges donnés à Blacas avec tant de pompe étaient assurément fondés sur ses grandes qualités de bravoure et de galanterie. Voici d'ailleurs ce que l'historien de sa vie écrite en provençal, dit de lui : « Blacas était un noble baron, puissant, riche, géné- « reux, bien fait, qui aimait les femmes, la galanterie, « la guerre et la dépense ; il se plaisait à tenir cour « plénière, à être magnifique, à faire du bruit ; il ai- « mait le chant, le plaisir, et tout ce qui donne de « l'honneur et de la considération. Personne n'eut ja- « mais autant de plaisir à recevoir que lui à donner. Il « nourrit les nécessiteux et fut le protecteur des dé- « laissés. Plus il avança dans la vie, plus l'aimèrent ses « amis et le craignirent ses ennemis ; plus aussi il vé- « cut, plus s'accrurent sa sagesse, son savoir et même « son penchant à la galanterie : *E crec sos sens, e sos* « *sabers, e sa gaillardia, e sa drudaria.* »

On le voit, Blacas aimait à tenir cour d'amour ; il accueillait avec magnificence les chevaliers, les dames et les poètes ; il leur faisait de riches présents et composait lui-même des vers, où il savait ne pas se montrer inférieur à ses hôtes illustres.

Blacas eut un vrai talent de troubadour. Son œuvre se compose de 16 pièces dont quelques-unes ont été plusieurs fois éditées.

Les curieux de littérature provençale nous sauront gré de leur en donner ici une nomenclature par lettre alphabétique, d'après les premiers mots du texte de chacune d'elles.

I. *Be fui mal conseillats* ... Pièce inédite ; se trouve dans les manuscrits d'Este, à Modène . de sir Th Philips à Middlehill, et le manuscrit n° 2814 de la Bibliothèque Ricardienne à Florence.

II. *En chantan soill quem digatz*.... ms. du Vatican n° 3207. Imprimée deux fois dans l'*Archiv fur museum der neueren sprachen*, t. xxxiv, p. 405 et dans Mahn : *Gedichte der Troubadour*, n° 1134.

III. *En Pelissier, chauzetz de tres lairos.* ... Imprimée deux fois aussi dans l'*Archiv fur museum*... loc. cit. et dans Mahn : *Gedichte der*.... n° 1129. — Se trouve dans le ms. du Vatican, ubi supra, et le ms. R. 71 de l'Ambroisienne de Milan.

IV. *En Raimbaut, ses saben*.... se trouve dans 8 mss. et a été imprimée à trois reprises, 1° dans Raynouard : *Choix de poésies des Troubadours*, t. iv, p. 25 ; 2° dans le *Parnasse occitanien*, p. 119 et dans le *Werke der Troubadour*, de Mahn, t. ii, p. 137.

V. *Gasquet, vai t'en en Proensa*.... ms. de la Bibliothèque nationale, fonds français, n° 1749.— Editée dans Mahn : *Gedichte*.... n° 1130.

VI. *Lo bels dous temps mi platz*... se trouve dans 9 mss. — a été imprimée dans Raynouard : *Choix*.... t. iii, p. 337. et dans Mahn : *Werke*..., t ii, p. 136.

VII. *Peire Vidal, pos far m'are tenso*... se trouve dans 10 mss.—a été imprimée dans Raynouard, t. iv, p. 23 et Mahn : *Werke*.... t. ii, p. 138.

VIII. *Peirol, pos vengutz es vas nos*.... imprimée dans l'*Archiv fur*... ubi supra, et Mahn : *Gedichte*... n° 1127.

IX. *Seignen Blacatz, de domna pro*.... conservée dans 7 mss. et imprimée dans Raynouard, t. iv, p. 27, — Mahn : *Gedichte*..... n° 1126 et *Werke*....t. ii. p. 139.

X. *Seignen Blaratz, pos per tol vos fuill barata....* imprimée dans Mahn : *Gedichte...* n° 1142, 1.

XI. *Seignen Blacatz, talant ai que vos queira....* imprimée dans Raynouard, t. v, p. 140.

XII. *Seignen Blacatz he mi platz e m'es gen....* ms. de sir Th. Philips, loc. sit.

La plupart des critiques le regardent aussi comme l'auteur des pièces suivantes qui sont, par quelques autres, attribuées soit à son fils Blacasset, soit à Arnaud de Marueil.

XIII. *La grans beutatz et fis enseignnmens....* le ms. Giraud de la Bibliothèque nationale, fonds français, 12472 l'attribue à Blacas ; toutefois Arnaud de Marueil en est cité aussi comme l'auteur. — Imprimée dans l'*Archiv fur...* t. xxxv, p. 408 et t. xxxvi, p. 379, — Raynouard : *lexique* 347 ; — Mahn : *Werke*. t. 1, p. 150.

XIV. *Per Merceil prec qu'en sa merce mi prenda....* attribuée par le ms. de la Bibliothèque nationale, supplément français, 683 à Blacas ; et par deux autres mss. à Blacasset. — Imprimée dans Mahn . *Gedichte...* n° 1128 et dans l'*Archiv fur..* t. xxxvi, p. 434.

XV. *Sim fai amors ab fizel cor amar....* attribuée par plusieurs mss. à Blacasset et par deux autres à Blacas. Ces deux derniers sont : le Parisien français 856 et Giraud. (Parisien français 12472). — Imprimée dans Mahn : *Gedichte...* n° 164, dans l'*Archiv fur...* t. xxxv, p. 458 — et t. xxxvi, p. 433, dans Raynouard, t. 111, p. 459.

XVI. Enfin une tenson avec Pistoleta, qui se trouve dans les mss. 2814 de la Biblioth. *Ricardienne...* et le *Iarbuch für Romanische und englische litteratur*, t. 11, p. 16.

Quoi qu'il en soit, la réputation de Blacas comme troubadour était si bien établie, qu'il est fait mention

de lui à ce titre, avec de grands éloges, dans les auteurs
suivants :

On nous pardonnera cette aride nomenclature en fa-
veur de sa nouveauté — elle n'a pas encore été publiée
en France — et parce qu'elle peut ne pas être inutile à
la gloire de la noble famille de notre héros.

Les belles souvenances du passé sont l'exemple de
l'avenir.

149